666件
可写的小事

潘常仲◎编著

团结出版社
UNITY PRESS

图书在版编目（ＣＩＰ）数据

666 件可写的小事 / 潘常仲编著 . -- 北京：团结出版社，2024.9. -- ISBN 978-7-5234-1329-6

Ⅰ . H15

中国国家版本馆 CIP 数据核字第 20247CA849 号

责任编辑：韩孟臻
封面设计：紫英轩

出　版：团结出版社
　　　　　（北京市东城区东皇城根南街 84 号　邮编：100006）
电　话：（010）65228880　65244790
网　址：http://www.tjpress.com
E-mail：zb65244790@vip.163.com
经　销：全国新华书店
印　装：天津泰宇印务有限公司

开　本：160mm×230mm　16 开
印　张：12　　　　　　　　　字　数：20 千字
版　次：2024 年 9 月　第 1 版　　印　次：2024 年 9 月　第 1 次印刷

书　号：978-7-5234-1329-6
定　价：49.80 元
　　　　（版权所属，盗版必究）

前　言

在生活的滚滚洪流中，我们常常渴望找到那一颗颗璀璨的珍珠，那些能触动心灵、引发思考、唤起回忆的瞬间。而《666件可写的小事》恰似一座宁静的港湾，邀请你停下匆忙的脚步，重拾那些被忽略的美好。

这本书，并非一本传统意义上的书籍，它更像是一把神奇的钥匙，开启了通往内心世界的大门。666个写作主题，如同666条不同的路径，带你穿梭于回忆的长廊、幻想的王国和现实的街巷。666个写作主题，如同666颗璀璨的星辰，散落在浩瀚的夜空，等待着你去探索、去捕捉。

每一个小事，都是生活给予我们的礼物。也许是一次雨中的漫步，雨滴轻轻敲打在伞面上，奏出一曲自然的旋律；也许是一杯热气腾腾的咖啡，那醇厚的香气弥漫在空气中，带来片刻的宁静与温暖；也许是公交车上的一次让座，一个微笑，传递着人性的善良与美好。这些小事，看似平凡，却蕴含着无尽的力量，它们是生活的底色，是我们情感的源泉。

写作，是一种表达，更是一种发现。当你拿起笔，面对这666件可写的小事时，你会发现自己的内心世界是如此的丰富多彩。那些被岁月掩埋的回忆，那些未曾说出的情感，那些对未来的憧憬与梦想，都将在你的笔下一一呈现。

这本书将成为你心灵的挚友，陪伴你走过人生的每一个阶段。

无论你是初涉写作的新手，渴望找到表达自我的出口；还是经验丰富的写手，寻求新的灵感冲击，这本书都能满足你的需求。无论是在清晨的阳光中，还是在宁静的夜晚，你都可以翻开这本书，选择一个主题，让思绪自由地流淌。你可以用简洁的文字记录下那一刻的感受，也可以展开丰富的想象，编织出一个动人的故事。这里没有评判，没有标准，只有你最真实的表达。

　　《666件可写的小事》，它不仅仅是一本书，更是一次心灵的旅程。让我们一起走进这个充满惊喜与感动的世界，用文字书写生活的美好，留下属于自己的独特印记。

1. 用三个词形容你现在的生活。

_____

_____

_____

_____

2. 你最喜欢的一张照片是什么时候拍的？背后有什么故事？

_____

_____

_____

_____

_____

3. 如果你不喜欢的人对你表白，你会怎样礼貌地拒绝？

_____

_____

_____

_____

_____

4. 你的梦想是什么？

5. 给你的好友写一段生日祝福语。

6. 如果你穿越到《西游记》里，碰到了唐僧师徒四人，你会说些什么？

7. 你遇到过的最尴尬的事情是什么？

8. 写一个你曾经幻想过的科学构思。

9. 你此时此刻的困扰是什么？

10. 你做过最勇敢的事情是什么？

11. 描述让你感到自豪的一次挑战。

12. 描述你新认识的一位朋友。

_____

_____

_____

13. 描述你曾做过的最奇妙的梦。

_____

_____

_____

14. 如果给你一支神奇的画笔，你会画出怎样的世界？

_____

_____

_____

15. 如果让你写一个故事，主角可以拥有超能力，你会赋予他什么样的能力呢？

_____

_____

_____

16. 如果你拥有珍妮的"七色花"，你打算许下哪七个愿望？

_____

_____

_____

_____

17. 什么是真正的幸福？你觉得到目前为止你经历的最幸福的事情是什么？

_____

_____

_____

_____

18. 说说你坚持最久的一个兴趣爱好。

_____

_____

_____

_____

19. 如果你可以改变过去一件事的结果，你会选择改变什么？为什么？

20. 说出最近一件让你感动的事情。

21. 你最近一年的目标是什么？打算怎么实现它？

22. 描述一次下雨的场景。

23. 如果给你一百块钱，让你一天花完，你会如何最大化使用？

_____

_____

_____

24. 描述一个对你影响很深的人。

_____

_____

_____

25. 用一段话描述你现在所处的环境。

_____

_____

_____

26. 梦想对你来说，意味着什么？

_____

_____

_____

_____

27. 你做过最离谱的事是什么？

28. 描写一下你的小学同桌。

29. 用四组词形容一下你的爸妈。

30. 赞美你最好的朋友。

31. 描绘让你印象深刻的一场雪景。

_____

_____

_____

_____

_____

32. 说说做过最后悔的一件事。

_____

_____

_____

_____

_____

33. 说说朋友做过的最让你感动的一件事。

_____

_____

_____

_____

_____

34. 说说爸爸妈妈做过的最让你感动的一件事。

_____

_____

_____

_____

35. 如果你最喜欢的作家要以你为样本写一本书，你认为自己在他笔下是什么形象？

_____

_____

_____

_____

36. 你最喜欢玩的游戏是什么？

_____

_____

_____

_____

37. 如果让你陪爷爷奶奶玩一天，你会和他们玩什么？

38. 现在脑海里默念一个人的名字，写下他的性格特征。

39. 你最喜欢的职业是什么？为什么？

40. 如果你的朋友可以变成一种动物，你认为他会变成什么？说说理由。

41. 以唐朝为背景，写一个小故事。

_____

_____

_____

_____

42. 你认为人类世界未来会发生什么变化?

_____

_____

_____

_____

43. 如果你能变成植物，你会变成什么?

_____

_____

_____

44. 你看到一个人独自去吃火锅，你认为他会想什么?

_____

_____

_____

45. 描述你最喜欢的植物。

46. 给你的父母设计一个生日惊喜，你打算怎么做？

47. 描述你曾经为父母做过的一件难忘的事情。

48. 用五个词形容现在的自己。

49. 童年时期，你做过最开心的事情是什么？

50. 哪些广告让你印象深刻？

51. 描述你的家庭氛围。

52. 列出你最常用的五件东西。

53. 如果各星球之间能互相对话，你觉得它们会说些什么？

54. 描述曾经给你帮助最大的老师。

55. 你现在最想做的是什么？

56. 你的职业理想是什么？

57. 工作对你来说意味着什么？

58. 你在工作中最大的收获是什么？

59. 走在上学的路上，你看到什么，听到什么？

60. 作为一名美术爱好者，请为校园美术展献言献策。

61. 你走进校园，看到墙角有垃圾，你该怎么办？

62. 学校的美好环境需要大家一起维护，请谈谈你的看法。

63. 写两句话赞美你对自己身体部位中最满意的一处。

64. 续写诗歌，第一行是："假如我是一片云"。

_____

_____

_____

65. 选一个你最喜欢的文学人物形象（不限古今中外），并进行简述。

_____

_____

_____

66. 如果外星人登陆地球，你认为他们会做什么？

_____

_____

_____

67. 根据上题情景假设，谈谈外星人会那样做的原因。

_____

_____

_____

68. 如果几万年后地球被陨石撞击，只剩下一种物种存活，你认为那是什么？

_____

_____

_____

69. 用"粽子"为主题讲述一个小故事。（不超过一百字）

_____

_____

_____

70. 列出五种不同的蘑菇。

_____

_____

_____

71. 去年除夕夜你做了什么？

_____

_____

_____

72. 写出你好朋友身上值得学习的优点。

73. 你小时候对爸爸妈妈撒过什么谎?

74. 你的名字是谁给你起的，有什么意义?

75. 说说你 QQ 昵称的由来。

76.吐槽一下你最讨厌的一种食物。

77.如果半夜失眠睡不着，你会做些什么？

78.面对一个懒惰的人，你会对他说些什么唤醒他奋斗的勇气？

79.你最拿手的一道菜是什么？

80. 描述一下你家乡附近最有名的景点。

_____

_____

_____

_____

81. 如果一只蚂蚁遇到神仙，神仙赐给它一个愿望成真的机会，它
会许下什么愿望?

_____

_____

_____

_____

82. 如果可以选择带一样东西和你一起穿越到古代,你会选择什么?

_____

_____

_____

_____

83. 你看过的电影中，最喜欢是哪一部？描述一下其内容。

_____

_____

_____

_____

84. 假设你遇到最喜欢的明星，会对他说什么？

_____

_____

_____

_____

85. 写一封寄给"梦想"的信。

_____

_____

_____

_____

_____

_____

_____

86. 你最喜欢哪个城市？说说喜欢的理由。

87. 你最喜欢的作家是谁，你认为他身上有哪些值得你学习的地方？

88. 如果你的生命只剩下一天，你会做什么？

89. 如果你现在要去另一个城市生活，你会选哪个城市？

90. 如果有飞翔的能力，你会飞向哪里？

_____

_____

_____

_____

91. 如果让你穿越到古代，你会选择哪个朝代？

_____

_____

_____

_____

92. 你和同桌之间发生过最开心的事情是什么？

_____

_____

_____

_____

93. 如果你变成一位退休老人，你会做什么？

_____

_____

_____

_____

94. 如果你变成一个五岁小孩，但仍保持现在的记忆，会发生什么？

_____

_____

_____

_____

95. 如果可以重新选择的话，你会选择做什么工作？

_____

_____

_____

_____

96. 描述你和朋友一起玩得最开心的一天。

97. 你最喜欢的歌词是哪一句？

98. 朋友难过时，你会说什么话安慰他？

99. 如果你变成一只能跑能跳的动物，你认为是哪一种动物？描述你会做什么。

100.如果你可以选择自己的梦
境，你会选择什么样的？请描
述梦的情景。

101.写一段原创歌词。

102.记录一次旅游经历。

103.你最想回到生命中的哪个
瞬间？

104. 如果班上有一位同学想放弃念书，你要怎样劝他打消这个念头？

_____

_____

_____

_____

105. 给你喜欢的电影写一段推荐语。

_____

_____

_____

_____

106. 选一首最能概括你性格的歌曲。

_____

_____

_____

_____

107.写一下你的人生规划。

108.如果你是一名教师，班上有学生早恋，你会怎么处理？

109.列举三种你最喜欢的解压方式。

110.写三个你知道的谜语和对应的答案。

111. 中华五千年历史，留下了许多珍贵的国宝，请你选出自己最喜欢的一件，以围绕它发生的历史故事为主题写一篇文章。

112. 描述你和爸爸妈妈出去玩的一次经历。

113. 描述你上一次哭泣的原因。

114. 在你的经历中，最快乐的是哪一天？那天做了什么？

115. 给你喜欢的人写首诗。

116. 你觉得奶奶的针线盒里放了什么？

117. 你觉得最有挑战性的工作是什么？

118. 写一件让你发飙的事。

119. 写一则产品召回公告。

120. 为家乡的特产写一条广告。

_____

_____

_____

_____

121. 在你的经历中，最难过的是哪一天？那天做了什么？

_____

_____

_____

_____

122. 你想发明什么改变世界？

_____

_____

_____

_____

123. 如果你要养一只宠物，你会选择养什么？为什么？

_____

_____

_____

_____

124. 你最近一次和妈妈说的一句话是什么？

_____

_____

_____

_____

125. 四大名著中，你最喜欢哪一本？为什么？

_____

_____

_____

_____

126. 给四大名著各写一百字的推荐语。

127. 说一个只有你自己知道的小秘密。

128. 如果植物可以说话，你会和哪一种植物对话？

129. 如果食物会说话，你认为它们为了避免被吃掉会说些什么？

130. 吐槽一首你认为最难听的歌。

131. 介绍你最喜欢做的三件事。

132. 描述你房间的布局。

133. 假如你能穿越到古代，遇到了孔子，你会对他说些什么？

134. 根据上面穿越的情景对话，谈谈你为什么会说出那些话。

135. 如果爱迪生穿越到 21 世纪，最让他感到惊奇的会是什么？

136. 根据上面的回答，谈谈爱迪生惊奇的原因。

137. 如果丧尸攻击人类，你会做些什么？

138. 介绍一个你喜欢的节日。

_____

_____

_____

139. 最近看的一本书叫什么名字？

_____

_____

_____

140. 写三句你知道的歇后语。

_____

_____

_____

_____

141. 写一份你明天的计划。

_____

_____

_____

_____

142. 如果你和老师同学被困在山洪中，你们该怎么办？

143. 如果你变成了你的好朋友，你会做什么？

144. 描写一下你走进菜市场的感受？

145. 你认为哪种蔬菜最好吃？

146. 描述你见过的一次最大的雨。

147. 描述你见过最美的一次月亮，以及那天晚上的夜景。

148. 写出自己的三个缺点，并说说怎么改正。

149. 写出自己的三个优点，说说怎么发扬光大。

150. 假设你有一次和鲁迅交流怎样学好文学，怎样爱国报国的机会，给鲁迅写一封信。

_____

_____

_____

_____

_____

_____

_____

151. 用三个词来形容一个人物，你会用哪些词？为什么？人物可以是真实的人物，比如历史人物、明星、身边的朋友等，也可以是虚构的人物，比如小说、电影、动漫中的角色。

_____

_____

_____

_____

_____

_____

152. 你是一个感性的人还是理性的人？为什么？

_____

_____

_____

153. 如果你可以选择一位历史上有名的画家（中外不限）给你画肖像，你希望是谁？

_____

_____

_____

154. "上学路上，看见一个五岁小孩独自在街边哭"，续写后面的故事。

_____

_____

_____

155. 人类留下的时间胶囊，你认为里面会有什么？

_____

_____

_____

156. 如果你是一个来自 2088 年的穿越者，来到现代社会，你认为
会发生什么？以此为中心写一个故事。

157. 你认为人类最伟大的三样发明是什么？

158. 描述在家里，你最满意的一件家具。

159. 你认为你的人生主题应该是什么？

160. 谈谈《红楼梦》中林黛玉的形象。

161.谈谈《红楼梦》中贾宝玉的形象。

162.谈谈《红楼梦》中王熙凤的形象。

163.谈谈《红楼梦》中刘姥姥的形象。

164.谈谈《西游记》中孙悟空的形象。

165. 谈谈《西游记》中猪八戒的形象。

_____

_____

_____

166. 谈谈《西游记》中唐僧的形象。

_____

_____

_____

167. 以人类对月球的了解，谈谈移居月球的可能性。

_____

_____

_____

168. 你认为最优秀的古代帝王是哪一位？为什么？

_____

_____

_____

_____

169. 你最喜欢的古代诗人是哪一位？为什么？

_____

_____

_____

_____

_____

170. 写出你最喜欢的一首古诗，并赏析诗句。

_____

_____

_____

_____

_____

_____

171. 如果你可以拥有一项超能力，你希望是什么？

_____

_____

_____

_____

_____

172. 谈谈对"摆烂"这一网络热词的看法。

_____

_____

_____

_____

173. 如果你的宠物会说话，你认为它会对你说什么？

_____

_____

_____

_____

174. 如果在路上看到一群人围在一起，你认为发生了什么事？

_____

_____

_____

_____

175. 以《常回家看看》为题写一段五百字左右的文字，写出家人的性格特点以及会发生的事。

176. 创作一个以某个虚构星球为背景的冒险故事，描述主角在上面的奇妙经历，如遇到奇特生物、解开神秘遗迹的谜题等。

177. 如果你可以改变身上的某个外貌特征，你会选择哪里？为什么?

_____

_____

_____

178. 描述上一次中秋节发生的事情。

_____

_____

_____

179. 向仇人描述你的快乐。

_____

_____

_____

180. 向恩人描述你的悲伤。

_____

_____

_____

181. 向盲人描述春天。

182. 金庸的小说中，你最欣赏哪个人物？为什么？

183. 如果让你穿越到金庸的小说中，你会选择哪一本？为什么？

184.《红楼梦》中的"金陵十二钗"，你最喜欢哪一个？为什么？

185. 用一段文字介绍你曾经旅游过的一座城市，再说一说它最突出的特点是什么。

186. 描述一下你此刻看到的身边的任何一件物品，并说说它最主要的用途。

187. 如果可以选择，你愿意生活在哪个时代？为什么？

188. 你在仰望星空时，突然想到：宇宙的尽头到底是什么？是无尽的黑暗？还是另外一个神秘的世界等待着我们去探索？或许在哪遥远的地方，有着与我们完全不同的生命形式，他们的科技、文化和生活方式会是怎样的呢？请发挥想象，写一篇文章。

189. 你最不能忍受好朋友身上的缺点是什么？

190. 如果你误入了桃花源，你会怎么做？

191. 假如让你和唐僧师徒一块去西天取经，你最害怕路上碰到哪一个妖怪？为什么？

192. 对你来说最重要的事是什么？

193. 你最喜欢的运动是哪一项？

_____

_____

_____

194. 如果成为专业的运动员，你最想挑战谁？

_____

_____

_____

195. 如果你被商店店主冤枉是小偷，你该怎么办？

_____

_____

_____

196. 描述一次最害怕的经历？

_____

_____

_____

197. 你希望未来的另一半具有哪些特质？

_____

_____

_____

_____

198. 记述上次和朋友聚会的经过。

_____

_____

_____

_____

199. 选读一本传奇故事书，想象你和故事中的主人公生活一天会发生什么。

_____

_____

_____

_____

200.你认为自己在别人眼里是怎样的人?

201.你的座右铭是什么，为什么是它?

202.写一则冷笑话。

203.你会因为什么拉黑自己社交平台上的好友?

204. 你最喜欢的作家是谁？他/她有哪些让你印象深刻的作品？

_____

_____

_____

205. 接到一个冒充你领导打来的诈骗电话，你会怎么回应？

_____

_____

_____

206. 假如植物会说话，你最想跟它们说些什么？请选择一种植物，把你们的对话写下来。

_____

_____

_____

207. 给你最喜欢的男演员写一封信，跟他探讨一个他演过的角色。

_____

_____

_____

208. 描述你人生中第一天上班的经历。

209. 如果孙悟空也有朋友圈，他会发什么？

210. 你认为"松弛感"是一种什么样的状态？

211. 你认为在别人眼里你是一个什么样的人？

212. 假如动物会说话，你最想跟它们说些什么？请选择一个动物，把你们的对话写下来。

_____

_____

_____

_____

_____

213. 你最近一次跟人吵架是什么时候？你俩现在的关系如何？

_____

_____

_____

_____

_____

214. 你认为自己过去做过最牛的事情是什么？

_____

_____

_____

_____

215. 用十种不同的方式表达"你很棒"。

216. 你最喜欢的电视剧是什么？为什么？

217. 你最喜欢哪一种花？为什么？

218. 你最喜欢自己卧室里的什么东西？为什么？

219. 以"秋雨""桂花""明信片"为关键词写一个故事。

_____

_____

_____

_____

_____

_____

220. 在广袤无垠的沙漠中，你艰难地迈着步伐，炽热的阳光无情地烘烤着大地，每走一步都仿佛要耗尽全身的力气。突然，在一座沙丘的背面，你遇到了一块半埋在沙中的古老石碑。你费力地将它周围的沙子清理掉，石碑上刻着一些模糊的字迹。上面写着什么？

_____

_____

_____

221. 你正在一家咖啡厅喝咖啡，形容一下邻桌是什么样的人，他 / 她是做什么工作的？

_____

_____

_____

_____

222. 以孩子的口吻记述一次难忘的春节。

_____

_____

_____

_____

223. 给你曾经的一个同桌写一封信。

_____

_____

_____

_____

_____

_____

224. 在你看过的小说中，让你印象最深刻的角色是谁？举出他 / 她
身上发生的一两件典型事件。

_____

_____

_____

_____

225. 给未来的自己打一个电话，你会说什么？

_____

_____

_____

_____

226. 在教过你的老师中，你印象最深刻的是谁？请描述一下他 / 她
的样子。

_____

_____

_____

227. 描写一个刚出生的小动物。

228. 作为一名教师，描写一下你一天的工作安排。

229. 当你感到孤独的时候，你会怎么做？

230. 地铁上一个姑娘在低头抹眼泪，她经历了什么事情？

231. 给自己写一段介绍语。

232. 如果你突然中了 500 万的彩票，你会怎么支配这笔钱？

233. 你正在工作的时候，老板突然走到你身边，他会说些什么？

234. 今天你发工资了，打算晚上和好朋友去大吃一顿，再看场电影，这期间你们会经历什么？

235. 公司的年会上，你被主持人临时要求表演一个节目，你没有什么才艺技能，这时你会怎么做？

_____

_____

_____

236. 公交车上，你碰到了多年前曾经暗恋的一个同学，你会怎么跟他打招呼？

_____

_____

_____

237. 如果给你一次跟古人对话的机会，你会选谁？又会说什么？请将你们的对话写下来。

_____

_____

_____

_____

238. 如果你是一个国画大师，请为我们描述一幅你自己最得意的作品。

_____

_____

_____

239. 你去一家餐馆吃饭，看到上学时总是批评你的一位老师也在这里用餐，你会怎么过去跟他打招呼？请写下你们之间的对话。

_____

_____

_____

240. 一觉醒来，你发现自己变成了一只甲壳虫，你会怎么向父母解释？

_____

_____

_____

241. 以"假如我是一只萤火虫"开头，续写一首现代诗。

_____

_____

_____

_____

242. 用五个比喻句描述你养的小宠物。

243. 如果让你穿越到宋朝，你会怎么度过自己的一生？

244. 你在走路的时候捡到一封来自未来的信，这封信中会写什么内容呢？

245. 描述去年端午节你是怎么度过的？

246. 分别用一句话描写十二生肖所代表的小动物的特点。

_____

_____

_____

_____

247. 描述你曾经去过的最好玩的一个地方，在那里发生了什么印象深刻的事情？

_____

_____

_____

_____

248. 你最近看的一本书是什么？请描述其中印象最深的一个片段。

_____

_____

_____

_____

249. 选择一种你最喜欢的食物，想象它有了自己的情感和思想。以它的视角，写一篇关于被品尝时的感受以及它希望给品尝者带来何种体验。

250. 如果秦始皇拥有现代的科技知识，他能否统一全球？请发挥想象，写一篇文章。

251. 假如可以穿越时空改变一个历史事件，你觉得会对现在的世界产生怎样不可预知的后果？

_____

_____

_____

_____

252. 如果你的宠物会说话，它会对你说什么呢？

_____

_____

_____

_____

253. 如果窗户能变成一个巨大的屏幕，让我们可以看到世界某一个地方的美景，你想看到哪里的美景？并将看到的美景写下来。

_____

_____

_____

_____

254.你做过后悔的事情吗？如果让你回到过去，你会选择怎么改变这件事情？

255.如果我们的心跳声可以被翻译成音乐，那你自己的心跳旋律会是什么样的？

256.以"小精灵""蘑菇""小女孩"为关键词写一则童话故事。

257.为最近热播的一个综艺节目撰写一段文案，言辞要公正客观。

258. 你从桥上经过时，看到一个想要跳河轻生的小伙子，你会怎样劝他打消这个念头？

259. 请记述你上个周末是怎么度过的。

260. 你最喜欢喝哪种茶？为什么？

261. 去年的这个时候你在哪里？正在做什么？

262. 如果你是一名运动员，你想参加什么奥运会的什么项目？为什么？

_____

_____

_____

_____

263. 你的好朋友邀请你周末去野外进行户外运动，为了安全起见，请你提前撰写一份野外求生指南。

_____

_____

_____

_____

264. "鹊桥相会"是我国古代一个美丽的传说，相传每年农历七月初七日（七夕节）时，牛郎和织女都会在鹊桥上相会。如果你是一只搭建鹊桥的喜鹊，你会听到什么？

_____

_____

_____

_____

265. 描写周末的书店情景。

266. 描写暴雨中的城市。

267. 如果你是一名导游，你会如何向游客介绍故宫博物院？

268. 你有给别人起过或者被起过外号吗？谈谈你对这件事的看法。

269. 写一个故事，是你穿越到爸爸妈妈的小时候，带他们去玩一天的内容。

_____

_____

_____

_____

_____

_____

270. 在一场备受瞩目的直播晚会中，当所有的目光都聚焦在舞台上时，一场意想不到的事故发生了。原本计划中精彩绝伦的杂技表演，由于道具故障，演员从高空坠落，现场瞬间陷入了一片混乱和恐慌。你作为主持人，该如何救场？

_____

_____

_____

_____

_____

271. 以讲解员的身份向参观者介绍张择端的《清明上河图》。

272. 描述清晨第一缕阳光洒在脸上的感觉。

273. 描写你最喜欢看的一本书的主要内容。

274. 给你的重孙辈留下一句话。

275. 你所在的城市，最好奇的地方是哪里？并且说说好奇的原因。

_____

_____

_____

_____

276. 如果能和《西游记》中的一个人物聊天，你会选择谁？为什么？

_____

_____

_____

_____

277. 你去拜访一位长者时看到他桌子上放着一本书，这会是一本什么书？里面讲述的是什么内容？

_____

_____

_____

_____

278. 写出你认为爸爸妈妈做过最好吃的一道菜。

_____

_____

_____

279. 如果博物馆着火了，你会选择什么样的文物进行抢救？

_____

_____

_____

280. 你有哪些别人没有的天赋？

_____

_____

_____

281. 如果未来将举办一场星际奥运会，让不同星球的"运动员"通过特殊的技术手段来参加比赛，比赛项目会有哪些特别之处呢？

_____

_____

_____

_____

282. 你最擅长做什么？

283. 描述一个你喜欢的科学家。

284. 描述一个上学时你们班很调皮的同学。

285. 你和同学的相处模式是怎样的？

286. 你最近一次发脾气是因为什么?

_____

_____

_____

287. 如果要选择一种颜色来代表夏天,你觉得会是什么颜色?为什么?

_____

_____

_____

288. 你人生中赚到的第一桶金是怎么花的?

_____

_____

_____

289. 假如三天后是世界末日,这三天你会做些什么?

_____

_____

_____

290. 如果奥运会的比赛项目都变成了虚拟现实（VR）形式，运动员们在虚拟世界中竞争，那会是怎样的场景？观众又该如何观看和体验呢？

_____

_____

_____

_____

291. 外面正在下雨，你从窗外望去，看到一个外卖小哥正在骑车赶路时不小心碰倒了一个行人，接下来会发生什么？请你以上面的场景为开头，续写一个故事。

_____

_____

_____

_____

292. 如果有一台时光机,让古代的体育健将们来到现代参加奥运会,他们在现代的比赛规则和环境下会有怎样的表现?

_____

_____

_____

293. 运用比喻、拟人、排比三种修辞手法描述一下傍晚的云霞。

_____

_____

_____

294. 假如今天是除夕，吃完年夜饭后，你坐在窗前写着对明年的愿望和规划。

_____

_____

_____

295. 用一段话描写你所在城市的春天的景色。

_____

_____

_____

296.你收到过最特别的礼物是什么？当时谁送你的？

297.除了你自己之外，你手机相册里谁的相片最多？你们有着怎样的故事？

298.在中国的二十四节气中，你最喜欢哪个节气？为什么？

299.在中国的传统节日中，你最喜欢哪个节日？为什么？

300. 假设自己拥有一种超能力，比如控制时间、心灵感应、瞬间移动、元素操控等。利用这种超能力你最想改变世界的某个方面，比如消除贫困、治愈疾病、解决环境污染、维护世界和平等。

---

301. 如果你和两个好朋友来到一座荒岛，在这里你们会见到什么？又会发生什么惊险刺激的事情？

302. 如果你与平行时空中的另外一个自己相遇，你会对他／她说些什么？

_____

_____

_____

303. 你在奶奶家的抽屉里发现了一张泛黄的旧照片，这张照片上的人是谁？有着怎样的故事？

_____

_____

_____

304. 当你遇到自己难以解决的棘手问题时，你会怎么办？

_____

_____

_____

305. 如果有一种食物吃了之后可以让人永远保持快乐，你觉得会是哪种食物？

_____

_____

_____

306.品尝一种新的美食，记录下它的味道和你的感受。

307.烹饪一道美食，记录烹饪过程和心得。

308.观察并记录一朵花的绽放过程。

309.写一首诗记录当下自己的心情，抒发内心的情感。

310. 写一篇旅行日记，记录美好的回忆。

311. 你收到了一封暗恋已久的异性给你的信，这封信里会写些什么？

312. 回忆一件童年的趣事，写下当时和此刻的感受，感受纯真的美好。

313. 当你感到悲伤的时候，你是如何释放自己糟糕的情绪的？请写出十个自己释放情绪的方法。

314. 想象自己是一个拯救世界的超级英雄，然后编写一个科幻小说。

315. 设计一个未来的城市，写下你的设计方案。

_____

_____

_____

316. 想象自己穿越到古代，会发生什么。

_____

_____

_____

317. 编写一个童话故事。

_____

_____

_____

_____

318. 想象自己在一个神秘的岛屿上冒险，然后撰写一个冒险小说。

_____

_____

_____

_____

319. 你的性格是什么样的？最想改变自己的哪一点？

320. 家庭对你来说意味着什么？

321. 你和父母之间最难忘的回忆是什么？

322. 如何处理和朋友之间的矛盾？

323. 朋友对你的人生有何影响？如何维持长久的友谊？

324. 你理想中的伴侣是什么样的？

325. 你最喜欢的学科是什么？为什么？

326. 你最近读的一本让你深受启发的书是？得到了什么样的启发？

327. 你最近学会的一项新技能是什么？

328. 失恋后该如何走出来？

329. 你最近一次帮助别人的经历是什么？

330. 你认为该如何建立健康的恋爱关系？

331. 如何在平凡的生活中寻找生活的乐趣？请结合自己的生活谈一谈。

332. 从小到大对你影响最大的一个人是谁？为什么？

333. 你最难忘的一次旅行经历是什么？为什么？

334. 如果你有超能力，你会做什么？

335. 想象一个神秘的岛屿，描述上面的风景和生物。

336. 创造一个新的节日，描述它的庆祝方式。

337. 想象一个新的交通工具，介绍它的特点。

338. 你小时候的梦想是什么？实现了吗？为什么？

339. 你家的餐馆里每天都会来一个中年男子，他每次都点同样的饭菜坐在同样的位置，这个人会是谁？他有着怎样的故事？

_____

_____

_____

_____

340. 请列举十种你能表达爱的方式。

_____

_____

_____

_____

341. 为自己的家乡撰写一个广告文案。

_____

_____

_____

_____

342. 以"凌晨1点，我收到了朋友的求助信息"为开头编写一则故事。

343. 中国神话中有许多美丽、凄婉、动人的爱情故事，请从"天仙配""牛郎织女""白蛇传""梁山伯与祝英台""孟姜女哭长城"中任选一个爱情故事，并改编其结局。

344.你最想对某个人说的话是什么？

345.你最想回到过去的哪个时刻？为什么？

346.你想成为一个怎样的人？

347.说说你认为印象最深的影视剧角色。

348. 你最想拥有的超能力是什么？打算用来做什么？

349. 你最崇拜的人是谁？为什么？

350. 你最喜欢的诗词是什么？用自己的话介绍一下。

351. 如果朋友要去你的家乡做客，你会给他推荐哪些景点和美食？

352. 摘抄一段你最喜欢的文字，并模仿写出一段类似的内容。

353. 想象你被缩小到像蚂蚁一样大小，然后意外地进入了一个花园。花园里的昆虫和植物对你来说都变成了巨大的障碍和危险。写下你在这个微型世界中的冒险故事。

354. 选取一位名人的名言，比如"我走得很慢，但我从不后退。"（亚伯拉罕·林肯）想象自己是一个正在经历挫折但始终坚持的创业者，以第一人称的视角阐述这句话如何激励你不断前行。

355. 描述你想象中的外星人的样子。

356. 如果你是一个发明家，你最想为你的家乡发明什么？

357. 看到两个好朋友正在争吵，你会怎么做?

358. 写出三件今天看到的有趣的事情。

359. 如果给你续写《红楼梦》后四十回,你会怎么写? 简述大致内容。

_____

_____

_____

_____

_____

_____

_____

360. 以"如果上班是一场游戏"为题, 把工作中的任务、项目、会议等都设定为游戏关卡, 描述如何在这场游戏中升级打怪, 获得成就。

_____

_____

_____

_____

_____

_____

_____

361. 介绍一下目前为止让你印象最深的一本书。

362. 你对友情的理解是什么？

363. 你最喜欢金庸的哪部小说？为什么？

364. 你最喜欢的一首歌曲是什么？它是什么风格的？

365. 明天是你父亲的生日，请给他写一首诗。

366. 说到你的母校时，你首先想到了什么？

367. 说说你遇到过的行为习惯奇怪的人。

368. 吐槽一个你身边的人。

369. 围绕你身边的人写一个小剧本。

_____

_____

_____

_____

370. 一场雨后，天上突然出现了海市蜃楼，描述你所看到的海市蜃楼。

_____

_____

_____

371. 描述你理想的工作和生活状态。

_____

_____

_____

372. 如果你是大海里的一条鱼，描述你一天的所见所闻。

_____

_____

_____

373. 如果让你任选一本剧本，你最想扮演的角色是谁？为什么？

_____

_____

_____

_____

374. 在山上看日出的时候，你脑海里想到的诗句是什么？

_____

_____

_____

_____

375. 如果你要预订一个人工智能机器人，你希望它拥有什么功能？

_____

_____

_____

376. 请写一篇去母校演讲的文稿。

_____

_____

_____

377. 描述十年后的自己。

378. 学习一项新技能给你带来了什么?

379. 如果可以重新选择职业,你会选择做什么? 为什么?

380. 你的兴趣爱好是什么? 它们给你带来了什么?

381. 当你遭遇不公平对待时，你会怎么做？

382. 如果要对十年后的自己说一段话，你会说什么？

383. 你认为幸福是什么？请举出生活中的一件小事说一说。

384. 你是如何看待死亡的？

385. 有一天，新闻都在报道你，热搜上都有你，你认为是因为什么？

_____

_____

_____

_____

386. 设计一个你认为最厉害的角色形象和他的技能。

_____

_____

_____

_____

387. 在公园一个僻静无人的空地，你看到一个不明飞行物降落，并有外星人向你走来，此时你会怎么办？

_____

_____

_____

_____

388. 描述一个对你有重要意义的物件或地方。

389. 描述你最想得到的礼物。

390. 如果你的影子可以获得一天的生命，你想让它做什么？

391. 如果你失忆了，想象一下你失忆后的生活。

392. 有五个词语描述学生时代的自己。

393. 你最无法忍受的一件事情是什么？

394. 如果你要给路过的陌生人提一个问题，你想问什么？

395. 你曾经很想做但又不敢做的事情是什么？

396. 随便翻开一本有绘图的书，翻开其中任意一幅图，展开想象，写成一个小故事。

_____

_____

_____

_____

397. 描述一只你见过的印象最深的动物。

_____

_____

_____

_____

398. 想象你在一场热闹的同学聚会上，描述一下可能会发生的事情。

_____

_____

_____

_____

_____

399. 描述自己最喜欢的一首歌，并说明原因。

_____

_____

_____

_____

400. 为自己喜欢的一首歌曲重新填词。

_____

_____

_____

_____

401. 描述影视剧中你认为最精彩的一个片段。

_____

_____

_____

402. 如果时光倒流，你最想返回什么时候？为什么？

_____

_____

_____

403. 描述一次独特的就餐经历。

404. 用视觉、听觉、嗅觉和触觉去描述自己印象深刻的自然场景。

405. 描述你住所附近的大街小巷。

406. 描述你印象比较深的街坊邻居。

407.你想象中未来的学校是什么样的？

_____

_____

_____

_____

408.武则天作为中国历史上唯一的女皇帝，后世有大量以她为题材的文学、戏剧、影视创作。请你任选一部作品或者影视剧写一篇读（观）后感。

_____

_____

_____

_____

409.为自己的家乡写一段宣传语。

_____

_____

_____

_____

410. 推荐一本你最喜欢的书并做简单介绍。

411. 你最想超越的人是谁？为什么？

412. 你认为目前超市购物最需要改进的地方是什么？

413. 如果你是奥运会记者，负责采访刚刚获得冠军的运动员，你会问哪些问题？

414. 你看过最有趣的谜语是什么？

415. 描述一道你爱吃的美食。

416. 如果人类要移居到火星上去，首先应该做的是什么？

417. 为了更好地进行垃圾回收，你认为最便捷最有效的方式有哪些？

418. 你遇到过最有挑战性的事情是什么？

_____

_____

_____

419. 如果给自己新买的书架装上书，你会放哪些书？

_____

_____

_____

420. 描述一件自己喜欢的衣服。

_____

_____

_____

421. 如果你能从你羡慕的人身上获得他的一项技能，你想获得什么？

_____

_____

_____

422. 如果你在梦中可以与未来的人交流，你想从未来人那里学到什么新的技术？

_____

_____

_____

423. 你穿越到了一个科技高度发达但社会动荡的未来世界，你会如何利用自己的智慧来帮助这个世界恢复秩序？

_____

_____

_____

424. 如果你是一位探险家，你会选择去哪里探险，会有哪些惊人的发现？

_____

_____

_____

_____

425. 如果李白来到现代，他会对哪个领域感兴趣？文学、科技、艺术还是商业、政治？

_____

_____

_____

426. 用自己的名字写出一首诗。

_____

_____

_____

427. 如果你捡到马良的神笔，他给你一次绘画的机会，你最想画的是什么？

_____

_____

_____

428. 描述一个你看到过的最有趣的创意设计。

_____

_____

_____

429.为了保护地球，你认为自己能最大限度地做的事情是什么？

430.如果云层可以为人类利用，你认为可以用来做什么？

431.写出五件让你感到开心的事情。

432.如果给你一次重新选择的机会，你会选择怎样度过自己的一生？

433. 如果让你给《阿里巴巴和四十大盗》设计开启宝藏之门的密码，你会设计什么密码？

434. 给新来的同事写一封邮件，向他介绍你们行业的发展情况，并给他一些忠告和建议。

435. 如果让现在的你跟小时候刚入学时的你对话，你会说些什么？

436. 推荐两部你看过的经典电影，并给每部电影写一段推荐语。

437. 请列出爸爸的三个兴趣爱好。

438. 描述妈妈身上的五个优点和五个缺点。

439. 你最喜欢自己的什么？

440. 坐公交、地铁时，描述其中一个让你印象深刻的人物和事件。

441. 如果人类有尾巴，会和现在有哪些不同？

442. 关于未来的医疗，你认为会有哪些不同？

443. 如果你在森林中发现了一个新物种，简单描述它的特征。

444. 如果你登上了泰山的顶峰，俯瞰山下时，描述你的感受。

445. 描述你第一次打架的经历。

446. 描述一棵你熟悉的植物的生长阶段。

447. 为落日晚霞写一篇美文。

448.《封神演义》里，如果没有苏妲己，商朝会灭亡吗？为什么？

_____

_____

_____

449.如果你有机会修改《三国演义》里一个历史事件，你会选择修改什么历史事件，为什么？

_____

_____

_____

450.如果《骆驼祥子》中的祥子，遇到了《钢铁是怎样炼成的》的保尔，会发生什么样的故事？发挥想象，写一段两人相遇的场景和对话。

_____

_____

_____

_____

451. 如果遇到一场大暴雨，想象一下身在家里、商场、户外的自己要分别如何安全自救？

---

452. 你是如何度过自己的低谷期的？

---

453. 你在厨房做饭时，突然有个陌生号码打过来，你认为会是谁打过来的？

---

454. 如果真的有龙存在，你认为它是长什么样子的？有什么独特的习性？

455.《水浒传》里，如果宋江不同意招安，结局会怎样？

456.如果你能听得懂鸟兽虫鱼的语言，你会做些什么？

457.如果人类多长出了一双翅膀，会出现什么样的场景？

458.描述你最喜欢的景点。

459. 如果要求你在众人面前表演一项才艺,你会表演什么?

460. 如果你来自未来,你会对现在的自己说些什么?

461. 朋友给你做过的最特别、最难忘的事情是什么?

462. 如果人类的头发可以像植物一样进行光合作用,生活会有怎么样的改变?

463. 如果你一觉醒来，发现自己在一个荒岛上，描述一下这个荒岛。

464. 从一位救援者的视角出发，描述他在交通事故中的救援过程。

465. 描述你乘坐公共交通工具时，让你最尴尬的一件事。

466. 如果人可以像机器人一样随意更换身体部件，会出现什么样的情况？

467. 从你所在的图书馆周围任意挑选一个你印象深刻的人，快速记下你对此人的印象并写下来。

_____

_____

_____

_____

468. 用"魔法棒"和"星星"写一个小故事。

_____

_____

_____

_____

469. 找三个人询问发生在他们身上最戏剧性的事情是什么，从中挑选一个回答，根据回答写一个场景。

_____

_____

_____

_____

470. 这个世界上如果没有了书籍，你的生活将会怎样？

471. 如果有一位白发老人给了你一本书，你认为书的内容是什么？

472. 如果你可以和书中的一个角色成为好朋友，你希望是谁？为什么？

473. 你的朋友想让你帮他实现一个不可能实现的梦想，你觉得这个梦想会是什么？

474. 你的朋友得到了一本神秘的日记本，你认为里面会记载着什么样的故事？

475. 如果你的房间可以变成任意一个场景，你最想把它变成什么？

476. 如果所有的交通工具都变成了动物，你会选择骑哪种动物出行？为什么？

477. 如果名著中的场景可以实体化，你最想去哪个场景？

478. 如果故事的主人公可以改变自己的结局，选出一个人物，说说你认为他会做出什么的改变？

479. 如果李白穿越到现代来参加诗词大会，会发生什么精彩的故事？

480. 如果叶公好龙里面的叶公真的把龙点活了，接下来会发生什么故事？

481. 如果翻开《桃花源记》这篇文章时，你被书上的绘图吸走，进入美丽的桃花源中，简述一下，你在那里会发生什么样的故事？

_____

_____

_____

_____

482. 如果你是小红帽，你会如何智斗大灰狼？试着写一段故事。

_____

_____

_____

_____

483. 如果未来出现一种可以直接植入大脑的知识芯片，让人瞬间掌握各种学科的知识，人类生活会发生怎么样的变化？

_____

_____

_____

_____

484. 如果未来的城市漂浮在天空中，那时候的人们将如何适应这样奇特的生活环境？

_____

_____

_____

485. 畅想一下未来的服装功能。

_____

_____

_____

486. 如果未来存在可以调控气候变化的机器，会发生什么？

_____

_____

_____

487. 用"河边""善良""一本书"这三个关键词创作一个小故事。

_____

_____

_____

_____

488. 有人敲门，你打开门看到一个陌生人，你认为他找你是因为什么？

_____

_____

_____

489. 描述你看到过的最奇怪的物品。

_____

_____

_____

490. 为你最好的朋友送一个特别的礼物，你会送什么？

_____

_____

_____

491. 分别用三个词形容过去的一年和即将到来的一年，并说明原因。

_____

_____

_____

_____

492. 如果你是一个孩子的家长，你的孩子不爱学习，你打算怎么做？

493. 如果你是一个卧底记者，你打算去哪个行业进行卧底？为什么？

494. 你看到超市里围了很多人，你认为是发生了什么事情？

495. 描述一次你孤立无援的心酸经历。

496. 你的信仰是什么？你如何
理解信仰？

497. 描述一幅你喜欢的画作。

498. 如果你是天上下凡的仙人，
你认为自己可以做什么工作？
为什么？

499. 描述你眼中的夏天。

500. 全球气温变高，你认为如何才能有效为地球降温？

501. 如果你可以跟外星人交谈，你会说些什么？

502. 选择一个至三个成语，写出一段故事。

503. 针对一个物品，用五个比喻句形容它。

504. 描述你所居住的城市。

505. 写出三个你自己领悟到的道理。

506. 你突然听不见了，你该如何度过你的这一天？这一天和之前有哪里不一样？

507. 从家里的一个老物件（如旧照片、旧家具等）展开，回忆与之相关的亲情瞬间。

508. 假设一次突发的地震让城市陷入混乱，你和你的家人被困在倒塌的房屋中。描述你们如何求生，以及在这个过程中的心理变化和相互支持。

509. 假如一艘豪华游轮在航行中突然遭遇冰山撞击，即将沉没。描述乘客们在生死关头的不同表现和抉择。

510. 假如亲情有味道，你觉得它像哪种食物？描述这种食物以及它与亲情的关联。

511. 小明在图书馆借到了一本奇怪的书，这本书似乎被施了魔法，会自动变换内容。当小明试图把书还回去时，图书馆管理员却不相信他的话，该怎么办？

512. 这本书开始影响小明的现实生活，比如让他看到一些奇怪的幻觉，这会给他带来什么麻烦？

513. 假如在一场重要的国际体育赛事中，突然发生看台坍塌事故。从一位运动员的视角，描述当时的场景和后续的救援行动。

514. 编写一个爱情故事，男女主角在经历了多次奇妙的相遇和错过后，最终走到了一起。

515. 假如友谊可以被测量，用什么样的单位来衡量？是欢笑的次数，还是陪伴的时长？

516. 如果人可以在太空中自由呼吸，太空探索会有什么样的进展？

517. 如果未来人类可以实现瞬间移动，交通会发生怎么样的变化？

518. 假如未来人类使用的大部分能源都可以来自太空，我们的生活会发生什么变化？

519. 描述你最难忘记的事。

520. 描述你身上最显著的特质。

521. 假设你拥有瞬间移动的超能力，你决定用这个能力去探索地球上最神秘的地方。写下你的探险经历和发现。

522. 思念一个人是什么感觉？

523. 如果宇宙有边界，那么宇宙之外的世界会是什么样的世界？

524. 描写一场灾难性的事故。

525. 描写一场引发广泛关注的辩论。

526. 假如梦可以穿越时空，你在梦中回到了古代或者去到了未来。详细描述你在不同时代的梦境经历以及从中获得的启示。

527. 假设英雄在完成一次重大使命后失去了所有的记忆，包括自己的英雄身份。描述他在重新找回记忆的过程中，再次面临新的挑战。

528. 想象自己来到了一个完全颠倒的城市，天空在脚下，地面在头顶，人们行走在天花板上。详细描绘这个奇特城市中的建筑、交通和人们的生活。

529. 假如你是孙悟空，你最想做什么？描述你的一天。

530. 面对一个穿着奢华的人，儿子认为这个人徒有其表，父亲如何教育自己的孩子。

531. 设想一个场景，以"在一个暴风雨的夜晚"为开头，写一个故事。

532. 描述你印象中的夏日黄昏是什么样子的。

533.你现在身处非洲，住在撒哈拉大沙漠，你最想在那里做什么？

534.用内心独白的方式，让一个人去陈述他多么喜欢或讨厌一个人。

535.上个星期六的晚上，你在做什么？用具体的细节描述你所在的地方。

536.用几句话描述一个场景，每句话不超过十个词。

537. 假设存在一个魔法世界，人们的外貌会随着他们的性格变化而改变。比如，善良的人会长出翅膀，勇敢的人会拥有闪闪发光的铠甲。描述这个世界中一个人物的性格转变以及其外貌的相应变化。

---

538. 假设食物有自己的思想和情感，比如一块蛋糕渴望被慢慢品尝而不是被狼吞虎咽，一颗草莓害怕被遗忘在冰箱的角落。以食物的视角，写一写它们的内心独白。

---

539. 假设你加了一个神秘人的微信，聊得很投机，但突然被删除。后来你发现这个人的身份与一个即将发生的重大事件有关，你将如何努力去寻找被删除的原因和这个人的踪迹。

153

540. 描述你迄今为止取得的最大的成果。

_____

_____

_____

541. 制定一个改造老旧小区的计划。

_____

_____

_____

542. 选择一件你讨厌的物品，赋予它情感和行为，将它写入你的故事中。

_____

_____

_____

543. 想象自己穿越到了古代的一个国度，在那里经历了一系列惊心动魄的宫廷争斗和江湖冒险。

_____

_____

_____

544. 描述一场浪漫的相遇。

545. 以"雨夜""老街""咖啡店"为关键词，描述一个场景。

546. 假设你拥有独特能力的读心术。你会做什么？

547. 你想拥有一款什么样的独特游戏？

548.你手机里的铃声是哪一首特定的歌曲？

549.尝试写出五个网络新词语，并解释它们的意思。

550.描述世界上最会伪装的生物。

551.描述一个能穿越时空的猫。

552. 如果你是一名五星级大厨，现在正在做一份大餐，你认为是什么样的大餐？

_____

_____

_____

553. 在你认识朋友中，其中认识过程比较特别的那个人是谁，描述认识过程。

_____

_____

_____

554. 描述一下未来的医生。

_____

_____

_____

555. 描述今天让你开心的三件事。

_____

_____

_____

556. 在岁月的长河中，有许多的"第一次"如繁星般璀璨，比如第一次下厨，第一次骑马，第一次演讲。描写你生命中的某个第一次场景。

557. 一个丈夫发现自己的妻子有超能力他会有何反应？把他的所有思想活动都写下来。

558. 找个合适的地方，闭目聆听周围的声音，用一段文字描述出来。

559. 描述你的新发明。

560. 李白吃到了汉堡会怎样评价?

561. 假设你被捆绑在一个废弃的仓库里，你会如何自救?

562. 两个同学因为哪个游戏更好玩发生争吵，写下他们的对话。

563. 如果你是一位歌手，你可以挑选任意一个书上的诗词名家为你的歌曲作词，你会选谁？为什么？

_____

_____

_____

564. 列举至少五个上星期网络热搜的话题

_____

_____

_____

565. 畅想 20 年后可能成为热搜的话题。

_____

_____

_____

566. 描述你喜欢的书画作品。

_____

_____

_____

567. 描述让你印象深刻的广告语。

568. 假如你能回到父母的童年时代，与他们相遇并成为朋友，会是怎样的情景？

569. 写下你想对过去的自己说的话。

570. 你喜欢收集什么东西？

571. 论述辛弃疾对宋词的贡献。

572. 假如三百年后人类将在火星上建造城市，描述其场景。

573. 女方陪伴男方治疗癌症的过程中遇到了哪些困难？

574. 那些在学校展现出非凡领导才能和组织能力的风云人物现在怎么样了？

575. 假设男主角每天都会收到一封匿名的情书，信中的文字充满了深情和关怀，但他不知道是谁写的。女主角则在默默地观察着男主角的反应，心中充满了期待和不安。给这个故事续写一个结尾。

_____

_____

_____

576. 想象你的亲人拥有了一种特殊能力，比如读心术，这会如何改变你们之间的相处和交流？

_____

_____

_____

577. 写一段发生在公园的记忆。

_____

_____

_____

578. 形容一下苹果的味道。

_____

_____

_____

579. 为一个逝者发条微博。

580. 假如有一天，你和父母的角色互换，会发生什么样的故事？描述这一天里的点点滴滴。

581. 描述未来世界将被机器人统治的情景。

582. 公司的老板突然决定给全体员工放一个月的带薪假，背后的原因是什么？

583.你怎么把豪华游艇卖给住在沙漠里的人?

584.当面对他人的误解,你会如何清晰地表达自己的真实想法和感受?

585.警察找上门了,你可能做了什么?

586.帮助一个饱受战争蹂躏的国家最好的办法是什么?

587. 如果有机会给科学界传达一句话，你会选择说什么？

_____

_____

_____

588. 如果《流浪地球》的情形成真了，你会如何拯救世界？

_____

_____

_____

589. 你星期三感觉如何？

_____

_____

_____

590. 你在路上遇到了一种动物，这种动物可以是现实中存在的，也可以是想象中的奇幻生物。它是什么样的？

_____

_____

_____

_____

591. 想象一下星期日的味道。

_____

_____

_____

592. 你被拘留了，导致你被拘留的原因是什么？

_____

_____

_____

593. 父亲给过你最好的建议是什么？

_____

_____

_____

594. 有一个圆柱形的蛋糕，高度一致，要分给五个小朋友，只能切三刀，怎么切能尽量平均分配？

_____

_____

_____

_____

595. 想象古代最受欢迎的美食有哪些？

596. 你喜欢碳酸饮料还是咖啡，为什么？

597. 你朋友剪了个很酷的发型，你该如何赞美他？

598. 公路上突然出现时空裂缝，你会怎么办？

599. 如果要你给十二生肖重新命名，你会给它们取什么名字？

_____

_____

_____

600. 你最想得到却没有得到的东西是什么？

_____

_____

_____

601. 当你骑着飞天扫帚从城市上空飞过的时候，你看到了什么？

_____

_____

_____

602. 假如亲情可以用颜色来表示，你觉得你与家人之间的亲情是什么颜色？为什么？

_____

_____

_____

_____

603. 如果一件事没有做成功，你会怎么办？

604. 你在丛林里迷失方向且遭遇猛兽。你该如何摆脱猛兽的袭击？

605. 把你的一次冒险经历写成新闻故事。

606. 蜘蛛侠和钢铁侠打架，你怎么劝架？

607. 设想自己拥有至少三种不同的身份和相应的工作，比如：考古学家、太空探险家、甜品师、时尚设计师、古代文学家、深海潜水员等等。这些工作各不相同，你最喜欢的是哪一个身份？工作中最有成就感的一刻是什么样的？

608. 向你的孩子介绍国产 3A 大作《黑神话：悟空》这款游戏。

609. 想象自己拥有超能力后的生活。

_____

_____

_____

610. 水杯的盖子为什么是圆的？请列出理由。

_____

_____

_____

611. 假如你是生命极其短暂的蜉蝣，在你短暂的一生中，你会做些什么？

_____

_____

_____

612. 充分发挥想象力，设想死刑犯在被执行死刑那一刻的内心状态和最想说的话。

_____

_____

_____

613. 假设朱广权去到新闻频道担任主播，想象他会以怎样独特的风格播报新闻。

614. 你小时候最神奇的幻想是什么？

615. 你小时候最喜欢的游戏是什么？

616. 中国经典书籍里让你印象深刻的人物是谁？写下你对他的印象。

617. 假设你是公司的 CEO，需要辞退一位高管。你要怎么写一封辞退信？

_____

_____

_____

_____

618. 这位被辞退的高管收到辞退信后，他有什么反应？

_____

_____

_____

_____

619. 如果有来生，你希望成为一个什么样的人？为什么？

_____

_____

_____

_____

_____

620. 你在公交车上听到过什么有趣的故事?

621. 你最早接触的漫画书或故事书是什么?

622. 你会如何定义自我?

623. 你会如何定义善良？

624. 你认为《西游记》里最有魅力的人物是谁？为什么？

625. 你被邀请参加一档"海底两万里寻宝"节目，你为什么拒绝？

626. 你请假去面试，结果在面试公司遇到了现在的主管。描述其场景。

627. 这里是"110"，请问你遇到了什么情况？

628. 消防员接到一个小朋友的报警电话，小朋友问："那如果我梦到坏人在追我，醒来很害怕，我该怎么办？"接警员如何回答？

629. 你身边自我严格要求的人是什么样子的？

_____

_____

_____

_____

_____

630. 假如友谊有味道，会是什么样的味道？是甜蜜的巧克力，还是清新的柠檬？

_____

_____

_____

_____

_____

631. 如果玩捉迷藏游戏，你会选择什么超级搞怪的方式来隐藏自己？

_____

_____

_____

_____

_____

632. 你会因为什么决定和一个人成为朋友？

633. 你觉得自己的心理年龄是多少？说说原因。

634. 我国作家的哪一部作品给你的印象最深？为什么？

635. 描述一下你新买的手机。

636. 假如动物也能像人类一样结婚，选择一种动物，描绘它们的结婚仪式和婚后生活。

_____

_____

_____

637. 那个与你争斗了一辈子的人，竟也被病魔侵袭。当你得知这个消息时，心中五味杂陈。写一段话安慰他，鼓励他振作起来。

_____

_____

_____

_____

638. 如果一天只有九小时，你会怎么度过这一天？

_____

_____

_____

_____

639. 创造一种全新的食物，赋予它独特的味道和口感。描述这种食物的制作过程以及品尝它时的奇妙感受。

640. 分别用一句话介绍以下小说：《梦境世界的奇幻冒险》《神秘物品的奇异力量》《平行时空的另一个自己》

641. 如果人的记忆可以像电脑文件一样复制和删除，将会发生什么？

642. 为我们生活的地球写一首诗。

643. 红烧肉的味道让你想起什么？

644. 冰糖葫芦的味道让你想起什么？

645. 假设你的宠物能和你进行心灵对话，描述一次你们深入交流的场景和内容。

_____

_____

_____

_____

_____

646. 以"宠物的秘密世界"为题，想象当你不在家时，宠物们会展开一个怎样神秘而有趣的世界。

_____

_____

_____

_____

_____

647. 如何快速毁掉一段爱情？

_____

_____

_____

_____

648. 描述行星撞击地球的场景。

_____

_____

_____

649. 你认为冬天最不能缺少的三样东西是什么？

_____

_____

_____

650. 设想未来人类移民到一颗新星球后的生活场景，包括居住环境、社会结构、工作模式等方面。

_____

_____

_____

651. 在"戛纳电影节"上，你获得"最佳导演奖"，你的获奖感言是什么？

_____

_____

_____

652. 假如你是生活在北京胡同里的一只猫，描述一下你看到的胡同景象。

653. 单位里突然来了一位不速之客，他究竟是谁？有什么故事？

654. 给你十块钱，你会买些什么？

655. 描述你经历过的最哭笑不得的真实事件。

656. 最近几个月发生了什么好事？

657. 列举早起的好处。

658. 你期待的秋天是什么样子的？

659. 你理想中的 20 岁是什么样子的？

660. 假设你被困在一个荒岛上，只能依靠一种食物生存。详细描述这种食物的味道，以及随着时间的推移，你对它味道的感受变化。

---

661. 假如食物的味道能够治愈疾病，想象一种可以消除焦虑的食物，描述它的味道和其发挥疗效的过程。

---

662. 如果你有了一个能实现愿望的神灯，你会做什么？

---

663. 说说上一次去公园的经历，描述一下当时的所见所闻。

---

664. 想象分手的那一瞬间，时间停止了，周围的人和物都被定格，只有主角还能活动，描述他在这静止的世界中的所思所想。

_____

_____

_____

_____

665. 从出生到现在，时光荏苒走过。在过去的这些年里，你最想回到哪一年？

_____

_____

_____

_____

666. 声音在我们的生活中无处不在，这些声音中，最令你难忘的是什么？

_____

_____

_____

_____